Text: Michael Schmidt-Salomon
Illustration: Helge Nyncke

Michael Schmidt-Salomon
Helge Nyncke

Die Geschichte vom frechen Hund

Warum es klug ist, freundlich zu sein

Alibri

Es war einmal ein frecher Hund.
Ein richtig gemeiner Kerl.
„So fies wie ich ist hier niemand!",
sagte sich der freche Hund.

Und er freute sich sehr darüber. Denn er war
stolz darauf, der allerfrechste Hund weit und
breit zu sein.

Eines Tages lief der freche Hund auf die grüne Wiese hinaus.
Dort sah er eine Kuh.
„Mmmmuuuhhh", machte die Kuh.
Der freche Hund schlich sich an. Ganz langsam.

Dann setzte er zum Sprung an und –
schnapp! – biss er der armen Kuh in den
Hintern.
„Aua!", rief die Kuh. „Das tut aber weh!
Warum hast du das getan?"
„Weil ich ein frecher Hund bin!", sagte der
Hund, lachte und lief weiter.

Dann entdeckte er ein Pferd.
„Hüüüüüühhhhhh", machte das Pferd.
Der freche Hund schlich sich an. Ganz langsam.

Dann setzte er zum Sprung an und – schnapp! –
biss er dem armen Pferd in das linke Hinterbein.
„Aua!", rief das Pferd. „Das tut aber weh!
Warum hast du das getan?"
„Weil ich ein frecher Hund bin!", sagte der Hund,
lachte und lief weiter.

Wenig später sah er ein Kind, das gerade Fußball spielte.

„Tooooor", rief das Kind.

Der freche Hund schlich sich an. Dann setzte er zum Sprung an und – schnapp! – biss er dem armen Kind in die rechte Hand.

„Aua!", rief das Kind. „Das tut aber weh!

Warum hast du das getan?"

„Weil ich ein frecher Hund bin!", sagte der Hund, lachte und lief weiter.

„Mann, was ich doch für ein toller Typ bin!", dachte sich der freche Hund. „Alle haben große Angst vor mir!" Und darüber freute sich der Hund so sehr, dass er gar nicht mehr auf den Weg achtete. Und – patz! – da war es passiert: Der freche Hund fiel in ein tiefes, tiefes Loch.

„Aua!", rief der freche Hund, der sich bei dem Sturz ziemlich wehgetan hatte. Er versuchte, aus dem Loch herauszuklettern. Doch vergeblich! Er stürzte immer wieder ab. Der freche Hund brauchte dringend Hilfe!

Da kam die Kuh vorbei und schaute in das Loch hinunter.
„Mmmmuuuhhh", machte die Kuh.
Der freche Hund rief: „Liebe Kuh, bitte hilf mir!"
„Nein!", sagte die Kuh.
„Warum denn nicht?", winselte der Hund.
„Weil du ein frecher Hund bist!", sagte die Kuh und lief weiter.

Dann kam das Pferd vorbei und schaute ebenfalls in das Loch.
„Hüüüüüühhhhhh", machte das Pferd.
Der freche Hund rief: „Liebes Pferd, bitte hilf mir!"
„Nein!", sagte das Pferd.
„Warum denn nicht?", winselte der Hund.
„Weil du ein frecher Hund bist!", sagte das Pferd und lief weiter.

Wenig später kam auch das Kind vorbei.
Vorsichtig schaute es in das tiefe Loch hinab.
„Ohhhhhh!", sagte das Kind.
Der freche Hund rief: „Liebes Kind, bitte hilf mir!"
„Nein!", sagte das Kind.
„Warum denn nicht?", winselte der Hund.
„Weil du ein frecher Hund bist!", sagte das Kind.

„Aber ich will doch überhaupt kein frecher Hund mehr sein!", rief da der Hund aus der Tiefe.

„Wirklich nicht?", fragte das Kind.

„Ganz sicher!", antwortete der Hund. „Ich will auch niemanden mehr beißen!"

„Okay!", sagte das Kind. Es legte sich auf den Boden und streckte die Arme aus. Der freche Hund krabbelte ein Stück nach oben, weit genug, dass das Kind seine Pfoten fassen konnte. Und – schwupp! – schon zog das Kind den Hund aus dem tiefen Loch heraus.

Oh, da war der Hund aber froh!
„Du weißt doch noch, was du versprochen hast?", fragte das Kind.
„Klar doch!", antwortete der Hund. „Ich werd' ab heute ganz bestimmt gar niemanden mehr beißen!"

Und tatsächlich: Von diesem Tag an war der freche Hund ein richtig lieber Hund! Er biss auch niemanden mehr – außer den fetten Kater von Metzger Klumke. Aber der hatte es auch nicht anders verdient, denn der gemeine Kerl nahm den anderen immer die Bonbons weg!

Der freche Hund fand bald viele gute Freunde. Mit ihnen zu spielen, das war viel schöner als zu beißen. „Mann, wär' ich doch bloß schon früher in das Loch gefallen!", dachte sich der Hund und er grinste dabei so breit, wie nur ganz, ganz liebe freche Hunde grinsen können ...

Tja, und was lernen wir daraus?

Du musst nicht still sein wie 'ne Maus
Musst nicht brav sein wie ein Schaf
Das die Herde nicht verlassen darf
Du darfst so frech sein, wie es dir gefällt
(Dafür sind Kinder auf der Welt)

Doch ist's nicht klug, gemein zu sein
Wer andre quält, ist schnell allein
Auch du brauchst Freunde ganz gewiss
Vertreib sie nicht mit wildem Biss!

Das rät dir, das ist doch klar
Der liebe Hund, der so furchtbar fies und frech einst war ...

Michael Schmidt-Salomon, Dr. phil., geboren 1967, ist freischaffender Schriftsteller, Philosoph und Musiker und u.a. als Vorstandssprecher der *Giordano Bruno Stiftung* tätig. Im Alibri Verlag erschienen von ihm bereits die Bücher: *Erkenntnis aus Engagement* (1999); *Stollbergs Inferno* (2003, Philosophischer Roman); *Manifest des evolutionären Humanismus* (2005); *„Aufklärung ist Ärgernis..."* Karlheinz Deschner: Leben – Werk – Wirkung (2006, Herausgeber gemeinsam mit Hermann Gieselbusch); *Die Kirche im Kopf. Von „Ach Herrje!" bis „Zum Teufel!"* (2007, gemeinsam mit Carsten Frerk); *Auf dem Weg zur Einheit des Wissens* (2007). Informationen: www.schmidt-salomon.de/

Helge Nyncke, Jahrgang 1956, ist studierter Diplom-Designer, Illustrator und Autor. Er hat zahlreiche Schul-, Sach- und Bilderbücher, Spiele und Trickfilme für Kinder illustriert, geschrieben oder erfunden, aber auch kritische Essays, Drehbücher, kabarettistische und freie Texte für Erwachsene verfasst; im Alibri Verlag erscheint sein Buch *Eine gotteslästerliche Floßfahrt*. Daneben hat er auch noch Zeit gefunden, Kunstobjekte zu entwerfen oder Kinderkrankenhäuser zu verschönern. Der vierfache Vater und vielfache Ideenschöpfer lebt und arbeitet in Mühlheim am Main.

Gemeinsam haben sie 2007 das Kinderbuch *„Wo bitte geht's zu Gott", fragte das kleine Ferkel* geschaffen, das Kinder auf humorvolle Weise über die drei Weltreligionen aufklärt.

Alibri Verlag
www.alibri.de
Aschaffenburg
Mitglied in der Assoziation Linker Verlage (aLiVe)

1. Auflage 2008

Copyright 2008 by Alibri Verlag, Postfach 100 361, 63703 Aschaffenburg

Umschlag: Helge Nyncke
Satz: ImPrint Verlagsservice, Jörn Essig-Gutschmidt, Münster
Druck und Verarbeitung: Interpress, Budapest

ISBN 978-3-86569-041-8